I0411720

المقدس والحرية

من آباء التنوير الى شارلي ابدو

ممدوح الشيخ

الكتاب: المقدس والحرية:

من آباء التنوير الى شارلي ابدو

المؤلف: ممدوح الشيخ

3

مقدمة

منذ سنوات أجريت حوارًا مع المثقف الفرنكفوني المصري المعروف الدكتور على السمان، وفي الحوار سألته على "الصورة النمطية" للإسلام والمسلمين في الثقافة الفرنسية فحكى لي أنه بعد وإقامته في باريس بقليل حدثت أزمة السويس (1956) وكتب مثقف فرنسي معروف مقالاً عنوانه: "أين أنت يا شارل مارتل؟" وهو الرجل الذي يرز

4

تاريخيًا إلى عملية وقف التمدد الإسلامي من الأندلس باتجاه فرنسا. وهو لفت نظره إيحاء العنوان ووصل إلى كاتبه وسأله عن دلالة استدعاء هذا الرمز في مشكلة سياسية ، فقال له: "اسأل مناهج الدراسة"!

وأضاف السمان أن التاريخ "حي" جدًا في ذاكرة الأوروبيين. ونشر هذا الكتاب يعود ضمن أسباب عديدة — إلى قناعتي "البعيد" (معرفيًا وتاريخيًا في آن واحد) هو المدخل الأصوب لفهم طبيعة العلاقة بين المقدس والحرية ، وبخاصة في مفاصل الصراع (بنيويًا) وفي لحظات هذا الصراع تاريخيًا ، وليس — كما يجتهد كثيرون — في تفاصيل اللحظة الراهنة!

5

وواقعة شارلي إبدو تعيد الحياة إلى مقولات "آباء التنوير" — وبخاصة التنوير الفرنسي — في معاداتهم الصارخة للأديان، وتعيد الحياة إلى "شبح شارل مارتل".

....

وهذا الكتاب يضم دراستين تنشران للمرة الأولى، إحداهما: "حرية التعبير بين القانون العادل والقاضي الظالم"، كتبت منذ سنوات، وتتناول من منظور معرفي قضية العلاقة بين المقدس وحرية التعبير، في ضوء العلاقة بين ظاهرتي: "التصوف" و"الفن" وهي علاقة تناولتها في كتيب صغير عنوانه: "التصوف والفن من منظور فلسفة الدين".

6

الدراسة الثانية: "**المقدس والحرية**: صدام **الأصوليتين.. الدينية والعلمانية**" وكتبتها عقب الهجوم الذي تعرضت له أسبوعية: "**شارلي إبدو الفرنسية**" (2015) . وهما في تقديري متكاملتان. وبإمكان القاريء العودة إلى دراسة التصوف والفن ، التي ترصد التشابه البنيوي الكبير بين الظاهرتين ودوره في تكرار الصراع — في الشرق والغرب — بين "**المقدس**" و"**الحرية**".

ممدوح الشيخ

القاهرة في 18 مارس 2015.

7

شارلي إبدو وسؤال "المقدس والحرية":

صدام الأصوليتين... الدينية والعلمانية!

8

9

قبل نهاية التسعينات بقليل قامت إحدى الجمعيات الثقافية المصرية بتنظيم مؤتمر حول "التعبير"، وخلال التحضير ثار نقاش محتدم حول الاسم، واستقر الرأي على أن يكون **"مؤتمر الحق في التعبير"** وليس **"حرية التعبير"**. وفي مداخلة له أوضح المستشار طارق البشري الفروق الدقيقة بين دلالة كل من التعبيرين قائلاً إن **"الحق في التعبير"** مقصود به السماح والاجازة. الحق لا بد أن يقابله واجب. وإذا كانت الحرية رخصة يستخدمها من يريد كيفما يشاء فلا بد أن يكون لها

حدود وأن تقف عند الحقوق والعصم الخاص بالآخرين ولذلك فلا وجود للحرية المطلقة بلا حدود.([1])

الصراع على حدود الأشياء

والنقاش القديم / الجديد الذي أثارته جريمة الاعتداء على "شارلي إبدو"، يطرح قضيتين مهمتين لا يستقيم — في تقديري — جعل العلاقة بين "المقدس" و"الحرية" موضوعاً للاجتهاد دون التوقف أمامهما، الأولى:

1 — الصراع الذي تشهده الثقافة المعاصرة حول "حدود الأشياء".

([1]) جدل حول الإبداع بين الحرية والمصادرة — تقرير — جريدة الجزيرة السعودية — 18 / 5 / 2001 — العدد: 10459 — الرابط: http://www.al-jazirah.com/2001/20010518/wn7.htm

والقصة الواردة في السطور السابقة "**عينة**" لسجالات أخرى مماثلة متفاوتة الحجم بتعريف الأشياء وحدودها. ولأن الواقعة بحكم حقائق الجغرافيا وقعت "**هناك**" في الشمال/ الغرب فإننا "**هنا**" في الجنوب/ الشرق ننظر إليها وفقاً لمنطور مغاير، صحيح أن رفض الإرهاب أمر متصل بالفطرة والمعايير الأخلاقية التي يمكن القول بأنها "**كونية**"، لكن التفسير غالبًا يدقق في التفاصيل ولا يقف أمامها موقف "**التقييم**" بما يتصف به عادة من تجريد وعمومية.

من ناحية أخرى فإن ما أسميه: "**الجغرافيا الجديدة للأديان**" قد جعلت ظواهر الاجتماع الديني أكثر تعقيدًا لأسباب يأتي في مقدمتها حضور "**الآخر الديني**" على المستويين الحقيقي والافتراضي على نحو غير مسبوق.

الانقلاب التنويري:

ومن ناحية التاريخية/المعرفية يرصد الدكتور فهمي جدعان الأكاديمي المعروف أن "**الحداثة**" التي اقترنت بـ "**الأنوار**" (أي التنوير) قلبت حدود العلاقة بين "**المقدس**" و"**الحرية**" على نحو بيِّن.([2]) فهي في حقيقة الأمر أحدثت وقائع جديدة قامت بإقصاء "**الديني**" ونصبت العقل إمامًا وحاكمًا وأقرت حقوقاً للإنسان، وجعلت حق الحرية في الاعتقاد والتعبير حقًا "**مقدسًا**". وفي مواطن الحداثة، أي في الغرب، استخدم "**الفكر الحر**" هذا الحق استخدامًا مطلقًا. وفي مجراه المرتبط بسلطة "**الوحي**" وبمؤسسة "**الكنيسة**"، قصد هذا الفكر، مع فولتير، إلى القضاء على

([2]) المقدس والحرية وأبحاث ومقالات أخرى من أطياف الحداثة ومقاصد التحديث – فهمي جدعان – المؤسسة العربية للدراسات والنشر – بيروت – الطبعة الأولى –2009 – ص 19.

"الدجال"، ونعت المقدس الديني وأهله بأقذع النعوت وأعنف الأقوال، وأذيعت المصنفات التي "تؤنسن" المسيح أو تضعه في موضع الشك أو الازدراء أو السخرية، وحفلت الأدبيات الغربية بما لا عدَّ له ولا حصر من الكتابات المضادة للألوهية وللدين وللمقدس.([3])

و"المقدس وجه جوهري للدين وعماد أساسي من أعمدته. والمؤمن يتمثل هذا المعنى تمثلاً دقيقًا شاملاً، ويخضع له على وجه التبجيل والاحترام والمحبة والخوف والرهبة والتسليم. وفي الإيمان الإسلامي — الذي هو موضوع القول هنا — يدخل في باب المقدس: الموجود الأول، الله السامي، الجليل، العليّ أو المفارق، وجملة

([3]) المقدس والحرية وأبحاث ومقالات أخرى من أطياف الحداثة ومقاصد التحديث — فهمي جدعان — المؤسسة العربية للدراسات والنشر — بيروت — الطبعة الأولى — 2009 — ص 21 — بتصرف يسير.

من الموجودات "الوسيطة" – الملائكة والأنبياء – وما ينقلونه عن الموجود الأول، الله، من أقوال أو "نصوص أو "وحي"، ويدخل في الباب نفسه أمكنة يجي احترامها وعدم خرق طهارتها ونقائها وقدسيتها كبيت المقدس، والكعبة والبيت الحرام .... ومن أحكام المقدس ومنطقه أنه يتعين احترامه بإطلاق والانحصار عن مساءلته أو مناقشته أو الدخول معه في سجال – وهو ما خرقه بإرادته وحريته، إبليس على سبيل المثال – أي أن الإجلال والخضوع والصمت هي المظاهر والمواقف التي ينبغي أن تحكم علاقة "الدنيائي" وأهله بالمقدس. فلا "فسق" ولا "فجور" ولا "جدال" ولا تعدٍّ أو تطاول بالقول أو بالفعل أو الانفعال على المقدس."([4])

([4]) المقدس والحرية وأبحاث ومقالات أخرى من أطياف الحداثة

جدل العام والخاص:

ويستطرد جدعان: "ذلك هو المثال والأصل. أما الواقع فإنه يتردد بين هذا المثال وبين نقائضه ومضاداته. إذ هو ليس خالصاً للتسليم والتصديق والصمت والخصوع والإيمان..... أما الأزمنة الحديثة، بنت (الحداثة) و(الأنوار)، فقد أنجبت "حقوق الأنسان برؤوس عدة، في مقدمتها "الحريات الأساسية". وعلى رأس هذه الحريات "حرية التعبير" بأشكالها الوادعة الآمنة وبأشكالها الخارقة لكل الحدود".([5])

ومقاصد التحديث – فهمي جدعان – سبق ذكره – ص 22 – 23 .

([5]) المقدس والحرية وأبحاث ومقالات أخرى من أطياف الحداثة ومقاصد التحديث – فهمي جدعان – سبق ذكره – ص 23 – 24 .

وما يلخصه الدكتور جدعان بشكل دقيق وواضح هو عملة، أحد وجهيها انقلاب جذري في الموقف من "**المقدس**"، والوجه الآخر اختلاف يصل حد التناقض في رؤية المقدس بين "**مكة**" و"**باريس**". وكلا الوجهين معًا يشكلان أحد أهم أسباب المواجهة المستمرة التي لا تكاد تتوقف فصولها حتى اليوم. والتحول المشار إليه يشير إلى انتقال من "**حالة خاصة**" هي: "**الصراع مع الكنيسة والمسيحية الكاثوليكية**" بالتحديد إلى صراع مع كل المقدسات الدينية، وهنا ننتقل إلى قلب "**الدوجما التنويرية**"، ما يتنافى مع مقولة "**عقلانية الحداثة**"، إذ هي في طبعتها الفرنسية تنطوي على رافد "**أصولي سلفي**" بكل ما يحمله التعبير من معانٍ صادمة.!.

وهذا الانتقال من خصوصية التجربة الأوروبية المتعينة زماناً ومكاناً إلى تعمين كوني كاسح لفت نظر الدكتور إبراهيم البحراوي فكتب معقباً: "إنني أفهم أن المناداة بحرية التعبير على لسان فولتير وفلاسفة الثورة الفرنسية على الملكية المستبدة كانت موجهة ضد الخماسية الشيطانية، وهي: الاستبداد والقهر والفساد والانحطاط وانحطاط الفكر الكنسي والتحالف بين الكهنة والملوك ضد الشعب ...... ترتيباً على هذا، فإنني أعتقد أن بين المثقفين الفرنسيين والمثقفين العرب والمسلمين مهمة مشتركة، وهي مهمة بلورة إدراك أمرين في الشرق وفي الغرب معاً، الأمر الأول أن الاعتداء على معتقدات الآخرين ومقدساتهم باسم حرية التعبير والعلمانية أمر لا يندرج بأي حال من الأحوال ضمن

نطاق الخماسية الشيطانية المذكورة سلفاً، بأي حال وبأي درجة".[6]

ونحن هنا بإزاء "**حقيقة مضمرة**" هي القناعة بأن التجربة الغربية الأوربية (الأزمة والحل معًا)، نافية لما سواها من التجارب والرؤى، بمعنى أنها المعيار الوحيد والنموذج الوحيد، وتلك "**امبريالية ثقافية**" مدانة أخلاقيًا ومتهافتة منطقيًا، بمعيار العقل الذي جعلوه هم أنفسهم حاكمًا.

وكما هو اجتهاد كاتب المقال، يضع الدكتور فهمي جدعان القضية في باب "**الصراع على حدود الأشياء**"، فبعد أن يورد أمثلة عديدة من كتب ومواد إعلامية وفنية

---

[6] نداء للفرنسيين: احترموا عقائدنا يا أحفاد فولتير — د. إبراهيم البحراوي — مقال — جريدة المصري اليوم المصرية — 20 / 1 / 2015 — ص 13.

يقول: "ما سقت يكفي يكون شاهداً للسؤال الذي أقصد إثارته وعرضه في هذا القول: في حدود التسليم بحق التعبير لجميع أفراد المجتمع، ما هي طبيعة المشكل الذي تثيره هذه الحرية حين تخرق حواجز "المقدس الديني" بأداة اللغة العنيفة، أو اللوحة التصويرية المسيئة ....."[7]

غياب التوافق العقلاني:

وقد لخص برايان كينج عضو كلية الفلسفة بجامعة أوكسفورد البريطانية في مقال يشير عنوانه إلى "الهيستريا الأخلاقية" في شعار "أنا شارلي". وقد طرح برايان سؤالاً افتراضيًا حول رد الفعل المحتمل لظهور شخص في قلب

---

[7] المقدس والحرية وأبحاث ومقالات أخرى من أطياف الحداثة ومقاصد التحديث –فهمي جدعان –سبق ذكره – ص 27.

الحشد المهيب الذي تصدَّره الرئيس الفرنسي ملوحًا — فجأة — بـ "مسدس لعبة" وحاملاً لافتة كتب عليها: "أنا شريف" (نسبة إلى أحد القتلة)، ويتساءل كينج: **"هل كان سيضحك المتظاهرون و"يستظرفونه" عندئذٍ .. فيعتبرون أن "دمه خفيف" أو على الأقل يمارس بشكل لائق حقه المكفول في حرية التعبير؟"**[8]

وما يريد أن يصل إليه كينج هو أن من تظاهروا من أجل **"شارلي"** لا يؤمنون فعلاً بحرية التعبير المطلقة.. لكنهم لا يدركون ذلك ، لأنهم **"لا يعرفون أنفسهم جيدًا"**، ولذلك تدفعهم عواطف نابعة عن تخيُّل أنهم يدافعون عن قيم الحرية بشجاعة ، في حين أن كل ما يفعلونه هو تأجيج صراع دون داعٍ. ويعقب الباحث المصري الدكتور عمرو

---

[8] بين شارلي وداعش والعقلانية الكونية — مقال — د. عمرو الزنط — جريدة المصري اليوم المصرية — 24 / 1 / 2015 — ص 15.

الزنط على هذا التحليل قائلاً: "حجة كينج قوية، لكني أعتقد أن الأمر لا يتعلق بعواطف شعورية هدامة تحرك فريق "شارلي" بقدر ما يتعلق بتناقض جذري بين القيم والمعايير الأخلاقية التي يتبناها ذلك الفريق وبين تلك التي يتشبث بها من قام بالعمليات الدموية ومن أيده. لذلك فما يعتبره أحد الأطراف من الممنوعات التي تتطلب العقاب، يعتبره الآخر حرية رأي. وفي غياب إمكانية التوافق العقلاني يؤدي هذا التناقض إلى المأساة".([9]).

وغني عن البيان أن هذا يعني القراءة المركبة للواقعة لا الاكتفاء بتفسيرها بمنطق "أمني"، وهو فالإرهاب

([9]) بين شارلي وداعش والعقلانية الكونية ـ مقال ـ د. عمرو الزنط ـ مصدر سبق ذكره.

مدان وهذا واجب أخلاقي، وتقصي أسباب الصدام واجب معرفي.

حضارة غربية أم تشكيلات حضارية غربية؟

القضية الثانية التي تثيرها واقعة شارلي إبدو وما تبعها من تداعيات وما أثارته من سجالات:

"**التباين الثقافي**" الذي أصبح واضحًا إلى حدٍ كبير بين تشكيلين حضاريين كبيرين يشكل كلٌّ منها جناحًا من جناحي طائر كبير هو الغرب. فالمحيط الأطلسي يتكرس وضعه كحاجز فاصل بين: "**التشكيل الحضاري الإنجلوسكوني**" و"**التشكيل الحضاري الأوروبي**". ووسط السيل الهادر من الأدبيات التي أطلقتها الحادثة ثمة مؤشرات تقطع بأن الحق في التعبير، وفقاً للرؤية

والممارسة ، تشهد تنطوي على تباين بين شرق الأطلنطي وغربه ، ففي قلب موجة التضامن الهادرة مع المجلة الفرنسية كان هناك أصوات غربية تعتبرها شريكًا في المسئولية عما حدث. فعلى سبيل المثال ، ومع انتشار الشعارين المتشابهين:

"أنا شارلي إبدو"

و"كلنا شارلي إبدو"

كتب ديفيد بروكس مقالاً في صحيفة **نيوروك تايمز** الأمريكية عنوانه: "**أنا لست شارلى إبدو**" أكد فى بدايته ، على أحقية ما يحظى به صحفيو أسبوعية "**شارلى ابدو**"، من حفاوة واحتفال بوصفهم "**ضحايا حرية التعبير**"، لكنه اعتبر ذلك ينطوى على قدر من النفاق بالنسبة للأمريكيين الذين لا يعملون هذا القدر من التسامح تجاه حرية التغيير

المطلقة. وفي سياق المقارنة بين شرق الأطلسي وغربه قال إن هؤلاء الصحفيين إذا حاولوا نشر صحيفتهم الساخرة فى الحرم الجامعى لأى جامعة أمريكية خلال العقدين الأخيرين ، فإنها "لن تستمر لمدة 30 ثانية"، مستطردًا: "كانوا سيواجهون اتهامات من قبل الطلاب وأعضاء هيئة التدريس بالترويج لخطاب يحض على الكراهية، ومن ثم ستوقف الإدارة تمويل الصحيفة وتغلقها".

وأضاف:"الأمريكيون قد يمدحون شارلى إبدو لكونها امتلكت شجاعة كافية لنشر رسوم كاريكاتورية تسخر من النبى محمد، ولكن، إذا دعيت أيان علي (صومالية ارتدت عن الإسلام وتسيء له) إلى الحرم الجامعى فى أمريكا، غالبًا ستعلو الأصوات التى تستنكر وجودها على المنصة". وتوجه بروكس للقاريء الأمريكي

بالقول: "إن كنت وضعت على صفحتك بالفيسبوك، أمس، عبارة (انا شارلى إبدو)، فإنى أرى أنها لم تكن دقيقة بالنسبة لمعظمنا، لأننا لا نشارك فعلياً فى هذا النوع من السخرية الهجومية التى تتخصص فيها تلك الصحيفة".[10]

العلمانية هي الحل أم هي المشكلة ؟:

التليجراف البريطانية كان أكثر ميلاً للتأصيل متوجهة بالنقد المباشر إلى "**العلمانية**" كشريك في المسئولية ، تحت عنوان: "**شارلي إيبدو: العلمانية ليست الحل، بل المشكلة**"، معتبر أن نبذ الغرب للمؤمنين بوجود إله يجعل الأمر صعبًا أمام إمكانية الانسجام مع

---

(10) كاتب أمريكى: أنا لست شارلى – جريدة الشروق المصرية – 11/ 1/ 2015.

الإسلام، اللازم لتماسك النسيج الاجتماعي. ونقلت عن يعقوب ويسبرج، رئيس تحرير صحيفة "**سليت**" الأمريكية قوله إن "**أفضل رد على هجوم شارلي إبدو – خلاف مطاردة ومعاقبة القتلة – هو انتقاد الكفر**". وشددت "**تليجراف**" على ضرورة الموازنة بين حرية التعبير والحاجة للتماسك الاجتماعي في أوروبا، التي تعتبر الإله "**متوفيًا**" و"**تقدس**" الكفر منذ عقود طويلة، لاسيما أن العداء للإيمان هو بالتأكيد أحد الأسباب التي تجعل من المستحيل الاندماج مع المجتمع الإسلامي.([11])

([11]) **تليجراف: العلمانية وراء الهجوم على "شارلي إبدو" – موقع مصر العربية الإخباري – 9/ 1/ 2015 – حمزة صلاح – الرابط:**

http://www.masralarabia.com/%D8%B5%D8%AD%D8%A7%D9%81%D8%A9-%D8%A3%D8%AC%D9%86%D8%A8%D9%8A%D8%A9/460755-%D8%AA%D9%84%D9%8A%D8%AC%D8%B1%D8%A7%D9%81-

وأشارت الصحيفة إلى محاضرة شهيرة – أثارت جدلاً كبيرًا – للبابا بنديكت السادس عشر ألقاها في جامعة ريغنسبورغ الألمانية (عام 2006) عن التوترات بين الإيمان والعقل ، اعتبرها اليساريون والإسلاميون تشويهاً عنصرياً للإسلام ، لكنها أظهرت حقيقتين مفيدتين جدًا لأوروبا التي تسعى لتحقيق الانسجام بين المجتمعات ، هما:

1. الفرق الرئيس بين المسيحية والإسلام هو أن المسيحية في أوروبا قائمة على الاتجاهات الفلسفية الإغريقية المعتمدة على العقلانية، التي تحابي السلطة العلمانية، بينما يؤكد الإسلام أن إرادة الله تعالى نافذة،

%D8%A7%D9%84%D8%B9%D9%84%D9%85%D8%A7%D9%86
%D9%8A%D8%A9-%D9%88%D8%B1%D8%A7%D8%A1-
%D8%A7%D9%84%D9%87%D8%AC%D9%88%D9%85-
%D8%B9%D9%84%D9%89-
%D8%B4%D8%A7%D8%B1%D9%84%D9%8A-
%D8%A5%D8%A8%D8%AF%D9%88

ولا تتوقف على عقلانية الناس، مع وجوب عدم انتقاد الذات الإلهية.

2. يتخذ المجتمع الأوروبي العلم حقيقة أكثر حسمًا من الايمان، مع ضرورة تهميش الإيمان وفصله عن الفكر، بما يعني أن أوروبا لم تعد تتفهم الحركات الدينية – مثل الإسلام – التي تؤمن بحزم بوجود إله، وفي الواقع تمثل العلمانية المتشددة في أوروبا إهانة، حيث تعتبر الثقافات الدينية في العالم استبعاد الإله من شمولية العقل هجومًا على قناعاتها العميقة. والمسلمون ليسوا وحدهم من يجدون أنفسهم في صراع من النظام

الجديد في أوروبا، وإنما يعاني الكاثوليك أيضاً نتيجة هذا النظام من حين لآخر.(12)

الأزمة في مرآة إنجلوسكسونية:

وفي إشارات واضحة إلى ما نعتبره تمايزًا واضحًا بين الرؤيتين الأوروبية والإنجلوسكسونية، نتوقف أمام ما يلي:

• أصدرت جامعة "أوكسفورد" البريطانية المرموقة بياناً تمنع فيه المؤلفين من الكتابة عن أي شيء ذي صلة بالخنزير أو لحمه في كتبهم واضعة "الثقافات الأخرى" في عين

---

(12) تليجراف: العلمانية وراء الهجوم على "شارلي إبدو" – موقع مصر العربية الإخباري – مصدر سبق ذكره.

الاعتبار. وذلك بهدف تفادي أي هجوم سياسي من اليهود أو المسلمين.([13])

- وجهت الكاتبة البريطانية الشهيرة جي كاي رولينج مؤلفة سلسلة "هاري بوتر" واسعة الانتشار انتقادات حادة لقطب الإعلام روبرت ميردوخ على خلفية تغريدات له على موقع "تويتر" للتواصل الاجتماعي اتهم فيها المسلمين جميعاً بالإرهاب. ومما ردت به على ميردوخ قولها: "إذا كانت غالبية المسلمين تتحمل مسئولية أفعال قلة متطرفة، فالمسيحية تتحمل وزر محاكم التفتيش

([13]) أوكسفورد تحظر الكتابة عن الخنازير – جريدة الأهرام المصرية – 18/ 1/ 2015 – ص 8.

الإسبانية وعنف المتشددين المسيحيين".[14]

● قرر ناشر صحيفة "نيويورك تايمز" الأمريكية، دين باكي، عدم نشر الرسوم الكاريكاتورية المسيئة للإسلام والمسلمين حول الرسول الكريم التي سبق أن نشرتها الأسبوعية الفرنسية "شارلي إيبدو". وأوضحت الصحيفة موقفها هذا بأن الامتناع جاء بالنظر إلى طابعها المسيء للمسلمين، وبطرق لا تخلو من قذف وقدح مجانيين. وحسب الموقع الإلكتروني للصحيفة الأمريكية المشهورة قال الناشر: "إننا نعمل منذ مدة انطلاقاً من المبدإ

---

[14] مؤلفة "هاري بوتر" توبخ ميردوخ - جريدة الأهرام المصرية – 13/ 1 /2015 – ص 8.

التالي: هناك فرق بين السبّ المجاني والسخرية. وأغلب هذه الرسوم (الكاريكاتورية) سبّ وقذف".[15]

- وتحت عنوان: "الحساسية الدينية والصواب السياسي يحكمان خطاب الصحافة البريطانية" أجملت جريدة العرب اللندنية التوجه الغالب على موقف الإعلام البريطاني من إعادة نشر رسوم شارلي إبدة كموقف تضامني قائلة: "الصحف البريطانية تتجنب إعادة نشر صور مستفزة للمسلمين منتهجة بذلك سياسة التنوع الثقافي، رافعة شعار "عش ودع غيرك يعيش". فبعد إدانة الهجوم

---

(15) "نيويورك تايمز" ترفض نشر رسوم "شارلي إيبدو" احتراما للمسلمين – جريدة النهار المغربية – 11/ 1/ 2015.

33

على المجلة الفرنسية الساخرة، اتخذت غالبية الصحف البريطانية قرارها بعدم إعادة نشر صور شارلي إيبدو، موضحة أن سياستها التحريرية ترفض استفزاز مشاعر أصحاب الديانات. وفي إشارة إلى الفارق المذكور سلفًا بين جانبي الأطلنطي في ما يتصل بحرية التعبير تصف المسافة بين الرؤيتين قائلة: "ما بين الشجب المطلق للعنف والتجنب المحسوب لدعم موقف مجلة شارلي إيبدو من نشر رسوم الرسول محمد هوة عظيمة". وتتوخى فرنسا — رغم فشلها الذريع — "التكامل" الثقافي بين الأديان والأعراق على حين تنتهج بريطانيا سياسة أقل طموحًا، هي

سياسة "التنوع" ولا يعبأ واضعو السياسيات إن عاش الطرفان في دائرتين منغلقتين لا تَواصل لإحداهما مع الأخرى. وقد حاولت الجرائد القومية، ذا إنديبيندنت وذا صن وذا ميرور وذا أوبزرفر، ألا تستفز أي فريق. وسارت على الحبل في توازن، أدانت العنف، وفي الوقت ذاته أوحت برفضها لاستثارة العنف من قِبل صحفيين يثيرون استياء العالم الإسلامي. ووصمت ذا تايمز الجريمة بأنها "هجوم على الحرية"، لكنها وصفت رسوم شارلي إيبدو بـ "الاستفزازية"، "مع كامل رفضهم للعنف". جريدة الغارديان بدورها علقت على الحدث بكارتون خاص بها، يحمل

35

الصحيفة المسؤولية عن سفك الدماء، وفيه يوحي الفنان بأن رسامي الكاريكاتير جلبوا لأنفسهم الخطر وكذا لزملائهم، "إن الرسوم مثلها مثل المتفجرات" على حد تعبير ستيف بيل فنان الكاريكاتير بجريدة الغارديان.([16])

وتبقى المعايير والصراع على "حدود الأشياء" ساحة الصراع الحقيقي وإن غلبت قراءات القراءات أخرى على الخطاب السائد.

([16]) الحساسية الدينية والصواب السياسي يحكمان خطاب الصحافة البريطانية — تقرير — جريدة العرب اللندنية — 14 / 1 / 2015 — الرابط:

http://alarab.co.uk/m/?id=42694

36

حرية التعبير بين القانون العادل والقاضي الظالم:

تعريف "الإبداع" قبل الشجار على حدود "الحرية"!

37

38

سئل الفيلسوف البريطاني المعروف برتراند راسل ذات يوم: "**ماذا لو قرر البرلمان البريطاني بالأغلبية تحويل بريطانيا إلى دولة شيوعية، فقال: إنه قرار باطل لأنه بذلك يتنكر لأساس وجوده**". وهذه العبارة تلخص جانباً من أهم جوانب النقاش المستمر حول حدود حرية التعبير، وبخاصة عندما يأخذ التعبير شكل عمل أدبي. وتبدأ المشكلة عادة من الاختلاف في ضبط المفاهيم بين فريقين:

<u>الأول:</u>

ينظر للعمل الفني كفعل إنساني "واع" يتحقق داخل "مجتمع"، وهو ما يعبر عنه المفكر الإسلامي المعروف المستشار طارق البشري بقوله: "**ضوابط الإبداع تدخل في مسألة الحق في التعبير، والحق يجب أن يكون متعينًا، والحق شئ وحرية الإبداع شيئ آخر يقف عند حدود الحق، كما أن حرية الفرد تقف عند حدود المصلحة العامة**".

<u>الثاني:</u>

ينظر إليه كفعل "**فوق إنساني**" نصف واعٍ وأحيانًا — مفارق للوعي — يتضمن شكلاً من أشكال الخلق على غير مثال ، وبالتالي فهو "**غير متعين**" وعلى نحو يتعارض تماماً مع المفهوم السالف ذكره.

هذان المفهومان كلاهما ضمني ينطلق منه صاحبه دون التساؤل عن مدى تمتعه بالقبول العام ، وكلما نشب نزاع — غالبًا حول عمل أدبي — ينطلق حوار أشبه بـ **"حوار الطرشان"** بين الطرفين ، يتبادلان فيه الاتهامات نفسها ثم يعود كل منهما إلى قواعده سالمًا أو مثلومًا!!

وبطبيعة الحال لا ينكر منصف أن القضية تخضع لأشكال متعارضة من الاستغلال السياسي والمبالغة ، غير أن الاستغلال السياسي والمبالغة كلاهما تالٍ لوجود مشكلة يستوجب حسمها الدخول إليها من المدخل الصحيح ، وهو المدخل المعرفي السابق على عملية الإبداع الأدبي نفسها. فالمدخل الاجتماعي المستند لضوابط شرعية يضع الظاهرة تحت سقف الأحكام الشرعية ، كنتيجة طبيعية لتصورات لها صفة الثبات للإنسان ومسؤولياته ،

وبناء على هذه المقدمة ليس مقبولاً تصوُّر وجود فعل لا يقبل التقييم الشرعي أو الأخلاقي.

الشرعي والمعرفي أيضًا:

والمشكلة قد تبدو — كما يصورها البعض كثيرًا — قضية تافهة لا تستوجب الغضب ، غير أن العبرة من المنظور الشرعي لا تكون بدرجة تأثير الفعل بل بمشروعيته في المقام الأول ، أما الدلالات المعرفية فتتجاوز ذلك بكثير ، إذ تكشف بعض الأعمال الأدبية التي تثير الجدل حول هذه القضية والحجج التي تساق للدفاع عنها رغبة في "التأله" لا يمكن التسامح معها ولا تهوين شأنها.

وهذه الرغبة في التأله ثمرة طغيان "**المنطق الصوفي**" على عقلية شرائح واسعة من النخبة المثقفة ،

و"التصوف" و"الفن" كلاهما من مفردات عالم الوجدان بشكل أساسي. ومشكلة تعريف التصوف التي لا يكاد يخلو مرجع متخصص من آثارها انعكاس لهذه الطبيعة الوجدانية.

التعريف وإشكالياته:

وفي "المعجم الوسيط": "الصوفي: العارف بالتصوف، وأشهر الآراء في تسميته أنه سمي بذلك لأنه يفضل لبس الصوف تقشفًا"، وإذا تجاوزنا المعني اللغوي إلى إشكالية التعريف وجدنا على سبيل المثال الدكتور عبد الرحمن بدوي يورد في كتابه: "تاريخ التصوف الإسلامي: من البداية حتى نهاية القرن الثاني" خمسة وعشرين تعريفًا للتصوف من أقوال الصوفية أنفسهم تحت عنوان:

"حد التصوف" منها قول الجنيد: "أن تكون مع الله بلا علاقة". وإثبات المعية مع نفي العلاقة تعبير صارخ عن رفض مفاهيم: الوساطة والاختلاف والمسافة والشعائرية في الاتصال بالإله ، وتلك سمات وثيقة الصلة ، بل لصيقة ، بالأديان السماوية.

وينقل بدوي أيضًا قول الجنيد: "**التصوف ذكر مع اجتماع ووجد مع استماع وعمل مع اتباع**" ، وقول الشبلي: "**الصوفي منقطع عن الخلق متصل بالحق**" ، وهو يعلق على هذه التعريفات مقررًا أنها تغلب التعبير البلاغي ولا تشير للجانب المعرفي ، وهي حسب المستشرق لويس ماسينيون "**لا شأن لها بتاريخ معاني اللفظ**" ، وهذه المسافة بين اللفظ والمعنى هي موضع الخلاف. وما علق به الدكتور عبد الرحمن بدوي على تعريفات التصوف ، يصدق

بالقدر نفسه على السجال حول قضية حرية التعبير ، الذي

يتسم ببلاغية واضحة وافتقار واضح للبعد المعرفي .

جدل الاسم والمسمى :

وهذا الجدل حول الاسم والمسمى يشير لسمة

بنيوية وثيقة الصلة بطبيعة التصوف ك "**تجربة دينية**" في

الاتصال بالإله ، وهي تجربة تحيط بها غلالة من الغموض

وتساق لها تعريفات عديدة وتلك من سمات الأنساق

العرفانية القائمة على :

● الذوق

● والإشراق

- **وانفكاك الجهة بين الأسباب والمقدمات كما يعرفها "عالم الشهادة" في الإسلام.**

والمطالبة بإطلاق حرية المبدع تنطوي على نوع من الرفض لـ "**قيود**" عالم الشهادة ، ومن ثم يُبنَي جسر بين العمل الأدبي وبين "**عالم الغيب**".([17])

ويحدد بدوي "**حقيقة التصوف**" بوجود أساسين لجوهره هما:

أولاً:

([17]) يمكن الرجوع إلى: التصوف والفن: من منظور فلسفة الدين – ممدوح الشيخ – منشور من خلال: create space – ومتاح ورقياً عبر الرابط:
http://www.amazon.com/Mysticism-art-perspective-Philosophy-Religion/dp/1477661166/ref=sr_1_39?s=books&ie=UTF8&qid=1426693742&sr=1-39&keywords=mamdouh+al-shikh

التجربــة الباطنــة المباشــرة للاتصــال بــين العبــد والرب.

<u>ثانيًا:</u>

إمكان الاتحاد بين الصوفي وبين الله.

والتجربة الصوفية تقتضي القول بملكة خاصة غير "**العقل المنطقي**" يتم بها الاتصال وفيها تتحد "**الذات**" بـ "**الموضوع**" وفيها أيضًا تقوم اللمحات واللمع والإشراقات مقام التصورات والأحكام والقضايا في المنطق العقلي، والمعرفة فيها معاشة "**وجدانيًا**" ويغمر صاحبها شعور عارم بقوى تضطرم فيه وتغمره كفيض من النور، ويصحب هذه الأحوال أحيانًا ظواهر نفسية غير عادية مثل الشعور بوجود "**هاتف**" أو رؤى خارقة والإحساس بخبرات ومواجيد. وقد يستعان على استدعاء هذه الأحوال بوسائل

صناعية مثل الموسيقى (السماع بالتعبير الصوفي) أو الرقص أو تحريك البدن بطريقة منتظمة وبإيقاعات متفاوتة الشدة، ولذا كان للأحوال والمقامات — بالمعنى الاصطلاحي — دور أساسي جدًا في كل تصوف.

أما الأساس الثاني فيقوم على توكيد المطلق أو الوجود الحق أو الموجود الواحد الأحد الذي يضم في حضنه كل الموجودات، وفي إمكان الاتصال به اتصالاً متفاوتًا في المراتب، وصولاً إلى مرتبة الاتحاد التام، بحيث لا يكون إلا "هو"، ومن هنا كان التصوف سلمًا صاعدًا نهايته الذات العلية وقمة معراجه وذروته "الاتحاد"، ويعد التعريف الذي أورده أحمد النقشبندي الخالدي للتصوف في كتابه: "**معجم الكلمات الصوفية**" الأقرب إلى رسم صورة حقيقية للتصوف كتجربة دينية،

ظاهرها التواضع والافتقار ، وباطنها النزوع إلى التأله ، فهو يعرف التصوف بأنه: "التخلق بالأخلاق الإلهية".

<u>من الحلول إلى التأله:</u>

والطريق إلى استكناه البنية الحقيقية للتصوف لا تمر عبر تفسير ما ورد في تراث التصوف الإسلامي بغرض استجلاء المفهوم ، ذلك أنه تجربة دينية سابقة على الإسلام نفسه. وأول ما يتبلور المفهوم الصوفي للاتصال بالخالق نجده في اليونان قديمًا إذ كانت الديانات اليونانية جزءًا من البناء السياسي ، فلكل مدينة آلهتها وآلهة كل مدينة هم بناتها وحماته وتكريمهم واجب وطني ، وبين "**العابد**" و"**المعبود**" عواطف ثلاث:

عرفان الجميل.

والمصلحة الخاصة.

وخوف العقاب.

وكان الإلحاد في حقهم خيانة للوطن. وفي هذا المناخ، ظهرت تيارات دينية كان هدفها تجاوز حدود المدينة إلى العالم، عبر دعوة الناس جميعًا، وتجاوز البناء السياسي للمدينة عبر دعوة الأرقاء الذين كانوا خارج هذا البناء بشقيه السياسي والديني، والسعي لبناء ما اعتبروه حياة روحية أسمى وأقوى، وهو ما أفرز في النهاية تصوُّر أن بالإمكان إيجاد علاقة بالآلهة غير علاقة العبد بالسيد.

وفي هذه البداية تتبلور السمات كافة التي اتسم بها التصوف في مدارسه كافة، الدينية والإلحادية، فهو في حقيقته تمرد على "الواسطة" بين العابد والمعبود تسعى لتحطيم قيود المكان والزمان والاختلاف، وصولاً إلى الاتحاد التام بينهما.

وقد كان للموسيقى والرقص مبكرًا جدًا دور في الطقوس الدينية كعامل مساعد للوصول للنشوة الدينية ، فعندما نرنو بأبصارنا بعيدًا عبر الماضي قبل الميلاد بألف عام حيث كانت تسود وقتئذٍ عقائد وثنية متعددة ومتزامنة في وادي النيل وبلاد الرافدين ، يبدو من نقوش قدماء المصريين ، ونقوش الآشوريين على جدران معابدهم ، أن نوعًا من الرقص كان يمارس ضمن الشعائر الدينية المعهودة وقتها يشبه إلى حدٍ بعيد الرقص الشرقي في عصرنا هذا.

في "حدود معنى الفن":

وإذا كان "الفن" والتصوف قد ارتبطا عمليًا من قرون فإن إخضاع هذه العلاقة الارتباطية لمحاولات التفسير يعدُّ حديثًا نسبيًا ، وتعتري تعريف الفن المشكلة

نفسـها التـي تعتـري تعريـف التصـوف ، ولنبـدأ بـالمعني المعجمي ، ففي "**المعجـم الوسـيط**": نجد عـدة تعريفات للفن فهو: "**التطبيق العملي للنظريات العلمية بالوسائل التـي تحققهـا، ويكتسـب بـالمران والدراسـة**" ، و"**جملـة الوسـائل التـي يسـتخدمها الإنسـان لإثـارة المشـاعر والعواطـف وبخاصـة عاطفـة الجمـال، كالتصـوير والموسـيقى والشـعر**" ، و"**مهـارة يحكمهـا الـذوق والمواهب**".

وقد تتسع دائرة الفن لتشمل كل ما ليس علمًا ، أي كـل مـا استبعده العلـم مـن دائرتـه ، فإذا عرفنـا أن باحثًـا أمريكيًا معاصرًا أحصى حوالي مائة فن من الفنون البصرية والسـمعية أمكننـا أن نـدرك إلـى أي حـد اتسـعت دائـرة المفهوم حتى العصر الحديث. والكلمة في أصليها اليوناني

واللاتيني لم تكن تعني سوى: "النشاط الصناعي النافع بصفة عامة"، غير أن أرسطو ميز بين "الفن" و"المعارف العملية".

وإذا حاولنا تتبُّع رحلة العقل الفلسفي اليوناني مع الموسيقى، بوصفها أحد أكثر الفنون ارتباطًا بالتصوف كتجربة دينية، وجدنا أن فيثاغورث منشئ "العلم الموسيقي" عند اليونان كان هو نفسه مؤلف فرقة دينية / فلسفية ذات تعاليم سرية وكان تلاميذه أشد غلوًا منه في التصوف.

وفي العصور الوسطى المسيحية بقيت الكلمة تشير إلى الحرفة أو الصناعة وأصبحت تنطبق على طيف واسع من النشاطات الإنسانية ضمنها: النحو والمنطق والسحر والتنجيم....وفي "معجم لالاند الفلسفي" يصبح البعد

الجمالي أكثر وضوحًا ، حيث الفن **"كـل إنتاج للجمال يتحقـق فـي أعمـال يقـوم بهـا موجـود واع أو متصـف بالشـعور"** وقد سـار كثير مـن المحدثين على هذا النهج ، مؤكدين البعد الجمالي في الفن على حساب أي اعتبارات عملية أو أخلاقيـة ، وعليـه أيضًا سـارت **"دائـرة المعـارف البريطانية"** و**"معجم أوكسفورد"** وغيرهما. ويرى أصحاب هذه النزعة أنه لا يمكن أن يتولد الفن إلا حينما تدع هموم الحيـاة ومطالـب المعيشـة متسعًا مـن الوقـت لظهـور **"الحلـم"** ، وهـذا البعـد الوجداني للفـن أحـد أهـم ملامح التشابه البنيوي مع التصوف إذ هو (الفن) تجربـة **"شبه دينية"** ، شخصية ، وجدانية ، تتم خارج نطاق الحواس ، فلا تقيدها قيود الواقع ولا المنطق.

بل إن الدكتور زكريا إبراهيم يعتبر الفن **"قوة روحية "خلاقة" تُوجِد من العدم مخلوقات لا مادية كالموسيقى والشعر وموجودات مرئية كالنقوش والرسوم"** ، أما تلك المخلوقات التي يبدعونها فهي كائنات عجيبة يجمع بينها كلمة **"الفن"**.

المبدع كـ"قوة عليا":

وإذا كان الدكتور عبد الرحمن بدوي قد أشار — كما أسلفنا — إلى ملكة خاصة عند المتصوف تمكنه من ممارسة التجربة الصوفية في السعي للاتحاد بالإله ، فإن بعض مدارس علم النفس الحديث ترى ذلك في الفنان ، فهو حسب كارل يونج ، ليس مخلوقـًا عاديـًا يبدع أعماله عن قصد وتفكير وروية بل هو مجرد أداة في يد **"قوة عليا"** لا شعورية ، ويتسم مفهوم يونج على مستوى البنية بروح

قَدَرية تعدُّ ، هي الأخرى ، ملمحًا من ملامح التشابه بين الفن والتصوف ، فالعمل الفني يصنع الفنان وليس العكس و"من العبث مطالبة الفنان بتفسير عمله وهو أقرب إلى الحلم لا بد أن يظل غامضًا ملتبسًا".

وعلى يد هنري برجسون وصل مفهوم الفن إلى قمة الصوفية فالفن في فلسفته "عين ميتافيزيقية" والفنان قادر عبر الإدراك المباشر على النفاذ إلى "باطن الحياة" وعين الفنان تملك مقدرة صوفية هائلة على الاتحاد مع موضوعها ، وفي النهاية فإن الفن عند برجسون حدس يستولي على الذات العارفة فيجعلها تتطابق مع موضوع معرفتها على نحو شبه صوفي. وفي فلسفة شوبنهور يصل الأمر إلى نوع من المطابقة بين المتصوف والفنان ، فالفنان هو الذات العارفة الخالصة المتحررة من الإرادة وأسر الجسد

وعبوديـة الأهـواء ، فهـو لا يعـود يعيش إلا بوصـفه مـرآة لموضوعه ، بعد أن فقد ذاته ، واستحال ذاتًا عارفة خالصة عارية من الإرادة. وفي نهاية معمار فكرته اعتبر شوبنهور أن الفن "أداة للمعرفة والعرفان" ، وتحتل الموسيقى مكانًا خاصًا فـي مفهـوم شـوبنهور للفـن حـد أنـه يعتبـر أن "السيمفونية السديدة قد تكون نسخة ميتافيزيقة كاملة للوجود".

معنى الدين.. والرابط الوجداني:

وعند تناول العلاقة بين التصوف والفن كظاهرتين يغلب عليهما الطابع الوجداني ينبغي الانتباه إلى ما يكتنف مفهوم "الدين" في العلوم الإنسانية الغربية من تعدّد يصل لحد التناقض ، فهناك العديد من المفاهيم المتباينة للدين

منها ما هو ظاهراتي يحاول عرض ما هو مشترك بين كل الأشكال المعروفة للأديان مثل تعريف قاموس أوكسفورد: "الدين اعتراف بشري بوجود سلطة فوق بشرية مسيطرة هي الإله أو الآلهة المؤهلون لأن يطاعوا ويعبدوا"، وهناك تعريفات سيكولوجية مثل تعريف وليام جيمس: "الدين هو الأحاسيس والأعمال وتجارب البشر في العزلة حينما يعلمون أنهم مرتبطون بالشيء الذي يعتبرونه إلهًا"، وثالث اجتماعي كتعريف تالكوت بارسونز: "الدين هو مجموعة الاعتقادات والممارسات والمؤسسات الاجتماعية التي طورها البشر في مجتمعات مختلفة".

وتأتي أهمية التعريف الدقيق مما أشار إليه الدكتور يوسف كرم من أن البذرة التاريخية للأديان السرية بطبيعتها الغنوصية (الصوفية) نشأت في اليونان طموحًا

إلى مفهوم للدين مغاير لما هو سائد ، وبحثاً عن علاقة بين العابد والمعبود لا تقوم على علاقة السيد بالعبد.

وللأديان بشكل عام خصائص عامة هي:

أولاً:

التسليم الأولي أو "الاعتقاد" الذي لا يشترط البرهان.

ثانيًا:

وجود مجموعة من المبادئ العليا التي لا يمكن الاستغناء عنها ، ومع ذلك فهي غير قابلة للبرهنة.

ثالثًا:

الإيمان بموجود لا يمكن إدراكه بالحواس سواء كان هذا الإدراك مباشرا أو غير مباشر.

رابعًا:

الخضوع أو التعبد لقانون أو (و) إرادة ذلك الموجود.

وهكذا فإن الفن قد تبادل مع التصوف التأثير والتأثر ، ليس فقط على مستوى العلاقة التاريخية والاشتراك في البعد الوجداني الواضح فيهما ، بل تجاوزت العلاقة ذلك لتصل إلى تشابه بنيوي ملفت من حيث السمات العامة والطموح إلى **"إعادة تعريف الأشياء"**، عبر قدرة يتصور المتصوف (والفنان) أنه يملكها وأنه قادر باستخدامها على الإحاطة **"أو الخلق من عدم"**.

وكذلك انتقلت الطبيعية التأويلية للكلام الصوفي إلى الإبداع الأدبي والفني على السواء ثم انتشرت في قطاعات واسعة من الخطاب الثقافي العربي المعاصر

بحيث أصبح خطابًا مشفرًا ، أعيد به إنتاج: "**المثقف الكاهن**".

ولعل خير ما يعبر عن هذا المنحى الباطني الخطير ما ورد على لسان الدكتور حسن حنفي في **المؤتمر السنوي للجمعية الفلسفية المصرية**([18]) إذ يقول متحدثًا عن نصر حامد أبو زيد: "**قال أشياء كنت أتمنى أن أقولها ولكن ربما استخدامي لآليات التخفي حال بين فهم ما أردت أن أقول. نحن مجموعة من الأفراد لو اصطادونا لتم تصفيتنا واحدا واحدا، ولذلك أرى أن أفضل وسيلة للمواجهة هي**

([18]) يمكن الرجوع إلى: تنظيم إرهابي سري اسمه الجمعية الفلسفية المصرية (سلسلة دراسات في دولة التنظيم السري) – ممدوح الشيخ – منشور من خلال: create space – ومتاح ورقياً عبر الرابط:

http://www.amazon.com/Mysticism-art-perspective-Philosophy-Religion/dp/1477661166/ref=sr_1_39?s=books&ie=UTF8&qid=1426693742&sr=1-39&keywords=mamdouh+al-shikh

استخدام أسلوب حرب العصابات. اضرب واجري. ازرع قنابل موقوتة في أماكن متعددة تنفجر وقتما تنفجر ليس المهم هو الوقت. المهم أن تغير الواقع والفكر. ولذلك يسمونني (المفكر الزئبقي). لا أحد يستطيع أن يمسك علي شيئاً. الجماعات الإسلامية تراني ماركسي. الشيوعيون يرون أني أصولي. الحكومة تتعامل على أنني شيوعي إخواني".

مصادر الدراسة:

[1] تاريخ التصوف الإسلامي: من البداية حتى نهاية القرن الثاني، الدكتور عبد الرحمن بدوي، وكالة المطبوعات، الكويت، الطبعة الثانية 1978

[2] المعجم الوسيط – مجمع اللغة العربية – مصر – الطبعة الثانية – 1972 – المجلد الأول – ص 549.

[3] جامع الأصول في الأولياء – الجزء الثالث: معجم الكلمات الصوفية – أحمد النقشبندي الخالدي – تحقيق أديب نصر الدين – دار الانتشار العربي – لبنان – الطبعة الأولى – 1997.

[4] تاريخ الفلسفة اليونانية، الدكتور يوسف كرم، السلسلة الفلسفية، لجنة التأليف والترجمة والنشر، مصر، الطبعة السادسة، 1976.

[5] حقيقة العلمانية بين الخرافة والتخريب، الدكتور يحيى هاشم حسن فرغل، الأمانة العامة للجنة العليا للدعوة الإسلامية بالأزهر الشريف، سلسلة قضايا إسلامية معاصرة، مصر، د. ت.

[6] مشكلة الفن، الدكتور زكريا إبراهيم، سلسلة مشكلات فلسفية، رقم 3، مكتبة مصر، مصر، 1979.

(7) الفيلسوف وفن الموسيقى، جوليوس بورتنوي، ترجمة الدكتور فؤاد زكريا، مراجعة الدكتور حسين فوزي، وزارة الثقافة، مصر، المكتبة العربية، 1974.

(8) الفنون والإنسان: مقدمة موجزة لعلم الجمال، إروين إدمان، ترجمة مصطفى الحبيب، مكتبة مصر، مصر، د .ت.

(9) موسوعة اليهود واليهودية والصهيونية: نموذج تفسيري جديد، الدكتور عبد الوهاب المسيري، دار الشروق، مصر، الطبعة الأولى، 1999.

(11) الرقص الشرقي من أروقة المعابد إلى شاشات التلفزة، مقال، أحمد القطب، الموقع الإليكتروني لقناة العربية الفضائية على شبكة المعلومات الدولية (الانترنت)، 18 أكتوبر 2004

(12) مقدمة في فلسفة الدين، جون هيك، ترجمة: طارق عسيلي، مجلة المحجة، لبنان، العدد الثامن، شتاء 2004، ص 43.

13 - جريدة "أخبار الأدب" المصرية - 28 / 12 / 2003.

14 — جريدة الأهرام المصرية 19 — 3 — 2006.

ملحق:

معضلة الأصولية العلمانية مع مسلمي أوروبا[19]

نبيل شبيب[*]

بعد مقتل المخرج والصحفي الهولندي "فان كوج"
وموجة إضرام الحرائق في المدارس والمصليات الإسلامية ،

---

[19] الموقع الإخباري لقناة الجزيرة الإخبارية على الانترنت – الرابط :
http://www.aljazeera.net/knowledgegate/opinions/2005/1/3/%D9%
85%D8%B9%D8%B6%D9%84%D8%A9-
%D8%A7%D9%84%D8%A3%D8%B5%D9%88%D9%84%D9%8A%D8%A9
-
%D8%A7%D9%84%D8%B9%D9%84%D9%85%D8%A7%D9%86%D9%8A
%D8%A9-%D9%85%D8%B9-
%D9%85%D8%B3%D9%84%D9%85%D9%8A-
%D8%A3%D9%88%D8%B1%D9%88%D8%A8%D8%A7

[*] كاتب فلسطيني .

تنذر الأحداث بمنعطف خطير تنساق إليه مسيرة العلاقات بين المسلمين في أوروبا والمجتمعات التي أصبحوا جزءًا منها.

وما يزال السؤال المطروح بإلحاح عن الاحتمالات المستقبلية هو عين السؤال الجوهري عن طبيعة الوجود الإسلامي في مجتمع علماني.

ويمكن النظر فيه من جوانب عديدة، ولكن ثبت على أرض الواقع أن في مقدمتها جانبا يكتسب أهميته من كونه يمس الممارسات الاجتماعية في الحياة المعيشية اليومية باستمرار، وهو صعوبة التوفيق بين نقيضين، القيم والعلاقات الاجتماعية بين الجنسين بمنظورها الإسلامي من جهة، وما ساد وترسخ في الغرب على هذا الصعيد وفي إطار التعامل العلماني مع الدين عموما من جهة أخرى.

معطيات مبدئية

بادئ ذي بدء ينبغي التنويه ببعض النقاط:

1 – لا يتناول الحديث هنا مسألة الإرهاب وما يسمى الحرب على الإرهاب وارتباطها بعلاقات المسلمين بسواهم في أوروبا رغم ازدياد وطأتها ، لا سيما بعد تفجيرات مدريد بينما سبق وأمكن جزئيًا امتصاص تداعيات تفجيرات نيويورك وواشنطن ورصد تعاطف شعبي متصاعد مكان المخاوف ، وهو ما أسهم فيه التأثر الإنساني والتخوف السياسي من مجرى الهجمات العسكرية الأميركية والإسرائيلية –الأميركية في المنطقة الإسلامية ، وعواقبها إقليميًا وعالميًا.

2 – أصبحت تفاصيل جريمة قتل المخرج الهولندي ومقدماتها وعواقبها معروفة عبر وسائل الإعلام ، فيقتصر هنا التنويه ببعض جوانبها ، على ما يتطلبه الحديث تحت عنوان: **"معضلة الأصولية العلمانية مع المسلمين في أوروبا".**

3 – لم يعد الوجود الإسلامي في البلدان الأوروبية وجود وافدين من العمال والطلبة ولاجئين لأسباب اقتصادية وسياسية ، فهذه الفئات تتناقص نسبها المئوية

باطراد مقابل ارتفاع متواصل لنسب المسلمين من ذوي الأصول الأوروبية ، والمتجنسين من مواليد أوروبا بالإضافة إلى من أصبحوا بحكم المواطنين المقيمين بعد مضي عشرات السنين على استقرارهم في البلدان الأوروبية.

ولا يستوي الحديث في الموضوع دون التنويه ، أيضًا ، بأنه لا توجد "**حرية مطلقة**" في ظل المنظومة العلمانية ولا سواها ، ويسري هذا على حرية الفن والأدب والبحث العلمي ، فهي محدّدة أيضًا وأشهر ميادين تقييدها المعروفة ما يقع تحت عناوين عداء السامية والمحرقة النازية ، كذلك فحرية العقيدة خاضعة لقيود عديدة ، منها ما وصل إليه تقنين إقصاء تأثير القيم الدينية على العلاقات بين الجنسين.

فالتقنين الذي يرسخ "**تحريرها**" وفق المنظور العلماني يرسخ قانونية "الانحلال" المتناقض مباشرة مع المنظور الديني ، وما دامت المرجعية هي العلمانية ، فإن ما يصنفه المنظور العلماني بهذا الصدد على أنه في المقدمة من الإنجازات الحضارية الثقافية ، يصنفه المنظور الديني

بأنه علة العلل وراء أمراض اجتماعية ، أخطرها تفكك الأسرة وما ترتب عليه من عواقب ، كانتشار المخدرات والجريمة بين الشبيبة والناشئة وحتى الأطفال.

جوهر المعضلة

إن العلمانية الأوروبية تعتبر "الحرية الفردية" أكبر منجزاتها ، ولكنها تواجه هنا إشكالية الاضطرار إلى تقييد أحد أعمدتها الرئيسية ، وهي الحرية الدينية الفردية ، فور تجاوز مفعول القيم الدينية لجدران البيوت والمعابد وبعض الجوانب الضيقة للعلاقة الشخصية مع الآخر ، ويزداد التقييد شدة في ميدان القيم المرتبطة بالعلاقات بين الجنسين ، بعد وضعها في الصدارة عبر ما يسمى: "الثورة الجنسية" أو ثورة التحرر الجنسي ، المنبثقة بدورها عما عرف بثورة الطلبة عام 1968م.

فقد شهدت العقود الماضية الإسقاط التدريجي لسائر "القيم والضوابط العتيقة" وتقنين ما يعتبر بالمنظور الديني "انحلالاً مطلقًا"، حتى أصبح الاعتراض على ما يسمونه "الزواج المثلي"، أي بين اللوطيين وبين

السحاقيات، اعتراضًا مخالفا للقانون وتعديا على حقوق الأقليّات. ويظهر للعيان ما يعنيه ذلك وأين وصلت إشكالية العلمانية مع القيم الدينية عموما، عندما نستحضر على سبيل المثال كيف أعرب أحد المرشحين لعضوية **مفوضية الاتحاد الأوروبي** عن رفضه اللواط من منطلق ديني، فكان موقفه سببًا رئيسيًا وراء رفض المجلس التصديق على تشكيلة المفوضية (نوفمبر/ تشرين الثاني 2004م) إلى أن تم تعديلها وإقصاؤه عنها.

أثناء هذه المسيرة "**التحررية الجنسية**" على حساب القيم الدينية في العقود الماضية، تطوّرت نوعية وجود المسلمين في أوروبا كما شهدت النظرة الأوروبية إليه تطورا ملحوظا، فكانت المصالح الاقتصادية تصنفهم كقوى عاملة مستوردة مؤقتًا، ثم انتشرت بترويج اليمين المتطرف النظرة إليهم كعبء اقتصادي واجتماعي، وأخيرًا أدت ظاهرة الإرهاب إلى تعميم الاتهام بأنهم مصدر أخطار أمنية.

بالمقابل كان الجانب الإيجابي من التطور المرافق لانتشار الصحوة الإسلامية متمثلاً في طرح عناوين إيجابية

لمنطلقات جديدة أفضل للتعامل الرسمي والاجتماعي مع المسلمين ، من ذلك الاندماج دون ذوبان الهوية ، ثم التعدد والتنوع الثقافي الشامل للمسلمين ، وتأكيد الحوار الحضاري ورفض "**صراع الحضارات**".. وجميع ذلك مما لا ينسجم مع الرؤية "**الأصولية العلمانية**" وفق ما عبرت به عن نفسها باستمرار ، ومن الأمثلة على ذلك دون الحصر:

1 — الحملة غير النزيهة ضد المستشرقة الألمانية آنا ماري شيمّل عندما منحت عام 1995م جائزة السلام للكتاب الألماني.

2 — الحملات التحريضية المستمرة إلى اليوم ضد اتحاد للتنظيمات الإسلامية في برلين حصل قبل سنوات وبعد مسيرة قضائية استمرت 20 سنة على تثبيت أعلى جهاز قضائي حق مشاركة المسلمين في وضع مناهج تدريس أبنائهم الإسلام في "**ولاية برلين**".

3 — إطلاق حملة "**تسييس الحجاب**" الواسعة النطاق في فرنسا بحق التلميذات الناشئات ، وفي ألمانيا عام 1998م بحق المعلمات المسلمات ، بدءًا بإعلان الحظر

الوزاري — دون أي مقدمات آنذاك — لمزاولة مهنة التدريس بالحجاب بحقّ المعلمة المسلمة فريشتا لودين.

الحملات الصادرة عن دوائر استخباراتية ، توزع الاتهام بالتطرف دون أدلة ، وفي كثير من الأحيان عبر تقارير لا تصمد أمام الدراسة المنهجية — كما "بيّن" ذلك مؤخرًا الأستاذ الجامعي الخبير فيرنر شيفّاور عبر مثال منظمة "ميلّي جوروش" التركية بألمانيا.

خلال العقود القليلة الماضية نفسها أمكن أيضا رصد ازدياد نسبة "**المواطنة المستقرة**" على صعيد المسلمين ، وخروج العمل الإسلامي من حقبة "**الانعزال المحلي والاهتمام المركز على قضايا البلدان الإسلامية**" ، إلى حقبة: "**الانفتاح والاهتمام بالمشكلات المحلية**" ، مثل تعليم الإسلام والأوضاع المدرسية والحجاب والعلاقات بين الجنسين ، وكذلك مشكلات معروفة كتذكية الذبائح وتأمين المقابر والمتاجر "**الشرقية**" وغير ذلك ، وما زالت هذه الحقبة تتميز بظاهرة تنامي الإقبال

على المساجد والمصليات وارتفاع أعدادها إلى الألوف في البلدان الأوروبية الرئيسية.

في هذا الإطار أمكن أيضا رصد ظاهرتين أخريين تثيران اهتمام الأوروبيين ، هما:

1 — تنبؤات الدراسات المستقبلية حول تناقص السكان "**غير المسلمين**" الأوروبيين ، وهنا تثير أوساط عديدة منها أوساط اليمين المتطرف والأصولية العلمانية المخاوف من: "**الأسلمة الديموغرافية للقارة الأوروبية**".

2 — الارتفاع السنوي المتتابع في معدلات اعتناق الشبيبة الأوروبية للإسلام ، وفيه ما ينوه بأثر المنظور الإسلامي للعلاقات بين الجنسين ، فالعلاقات الأسرية في الإسلام في مقدمة التعليلات التي يذكرها معتنقوه من الشبيبة لإقبالهم عليه.

<u>بين "الهيستيريا" والتعقل</u>

أمام هذه الخلفيات وكذلك خلفية ما يسمى "الحرب على الإرهاب" انتقلت الحملات الثقافية والفكرية على

الإسلام من الأساليب التقليدية القديمة التي لم تحقق أغراضها وفقدت مفعولها كما يشهد انتشار الصحوة الإسلامية ، إلى أساليب استفزازية وعدوانية ، اتسع نطاق انتشارها في ظل أجواء "غلبة لغة العنف العسكري" الأميركي تجاه المسلمين على الصعيد الدولي أيضًا.

وكان إنتاج المخرج الهولندي **"فان كوج"** نموذجا صارخا على **"العنف الثقافي"** على مدى السنوات الماضية ، وآخر محطاته فيلم: **"الخضوع"** الذي ضمنه مشاهد تصور — مثلاً — آيات قرآنية مكتوبة بالعربية على جسد امرأة عارية إلا من عباءة شفافة ، **"تؤدي الصلاة"** وتدعو شاكية من اضطهاد الإسلام والمسلمين للمرأة!.

من منطلق إسلامي متوازن يمكن القول إن هذا أسلوب لا يدل على حرية ثقافية وفنية قدر ما يدل على درجة بعيدة من **"الإفلاس"** في هذا الميدان بالذات ، فهو ما يدفع صاحبه إلى الاستفزاز بدلا من محاولة التأثير المتوازن للتعبير عن تصوراته أو نشرها.. وكان من المفروض بالجهات الإسلامية في أوروبا أن تتحرك في الوقت

المناسب فتجعل من "**الفيلم**" فرصة لبيان موضوعي لما يقول به الإسلام في القضايا المطروحة فيه استفزازًا.

كما كان من المفروض بالجهات المسؤولة في هولندا أن تقدر ما يعنيه الاستفزاز في مثل هذا العمل في ظل الظروف الساخنة الحالية ، التي يزيد أوارها ما جرى ويجري في الفلوجة وأبو غريب ورفح وجنين ، فتتخذ قبل وقوع الجريمة مواقف منصفة تحذر من صب الزيت على النار عبر الاستفزاز ، ولتبين أن "**الحرية الفنية والثقافية**" في المنظومة العلمانية لا تعني كفالة حرية الافتراء على الدين واستفزاز أهله.

ولا يعني هذا تبرير الجريمة بطبيعة الحال ، لا سيما أن خطوة واحدة طائشة من هذا القبيل ، تسبب من الأضرار للوجود الإسلامي في أوروبا ما لا يمكن الإحاطة به بسهولة. ولكن الآن أيضًا وبعد وقوع الجريمة ما تزال الجهات الإسلامية داخل أوروبا وخارجها دون مستوى التعامل المؤثر على مجرى الأحداث ، بما يخدم مستقبل الوجود السلمي والإيجابي للإسلام والمسلمين في أوروبا.

كما أن الجهات العلمانية الأصولية ما تزال تتابع أسلوب صب الزيت على النار، فبدلاً من البحث عن حل للمعضلة القائمة من الأصل، والعمل على تهدئة المشاعر على الجانبين معًا، وصلت حمى التصريحات الساخنة إلى مداها، من الحديث عن نهاية عهد التسامح مع المسلمين في أوروبا، إلى تأبين **"شعارات التعدد الثقافي"**، إلى تجديد الحديث عن **"صراع الحضارات"**، وصولاً إلى المطالبة بمزيد من القوانين الاستثنائية للترحيل على **"الشبهة"** دون الرجوع إلى القضاء ودون عراقيل **"بيروقراطية"** كذلك لفرض العقوبات على الفتيات المسلمات في المدارس اللواتي يرفضن ارتداء الملابس الفاضحة في دروس الرياضة.

الجدير بالذكر أن هذه الأصوات ما تزال العليا، فمعظم أصحابها من **"جيل ثورة الطلبة عام 1968م"** الذي يمسك بمفاتيح معظم مراكز صناعة القرار الثقافي والفكري والإعلامي، الذي تظهر استطلاعات الرأي أنه أقل تسامحًا وأقل استعدادًا للتفاهم والتعايش بمنظور التعدد

الثقافي والديني من جيل الشبيبة ، فيطغى صوت هذه الفئات عبر وسائل إعلام جماهيرية على سواها.

ولا ينفي ذلك وجود أصوات إنصاف متعقلة ، لا ينفسح المجال للتفصيل بأمثلة عليها ، ومن عناوينها التحذير من خطر "الهيستيريا" في ردود الأفعال على جريمة القتل ، ومن خطر تضييع ما تحقق من ثمرات على طريق الاندماج الإيجابي والتعددية في المجتمعات الأوروبية.. والمرجو أن تغلب أصوات التعقل هذه في نهاية المطاف.

77

ممدوح الشيخ:

مفكر مصري

صدر له دراسات في القاهرة وبيروت وعمان والشارقة ومسقط والرياض وواشنطون.